Gestão de Projetos e Liderança de Equipes

Aprenda como gerenciar projetos e liderar equipes de forma eficiente.

Édna Lessa
2024

TODOS OS DIREITOS RESERVADOS
2024

Nenhuma parte desta publicação pode ser reproduzida, distribuída ou transmitida de qualquer forma ou por qualquer meio, incluindo fotocópia, gravação ou outros métodos eletrônicos ou mecânicos, sem a permissão prévia por escrito do editor, exceto para breves citações incorporadas em revisões críticas e outros usos não comerciais específicos. Qualquer réplica não autorizada desta obra é proibida.

Visão geral

Este curso aborda os princípios e práticas de gestão de projetos, bem como as habilidades necessárias para liderar equipes de forma eficaz. Você aprenderá técnicas de planejamento, definição de metas, tomada de decisões e resolução de problemas, além de desenvolver habilidades de comunicação e motivação de equipe.

Introdução à gestão de projetos

1 Introdução à gestão de projetos

O que é a gestão de projetos?

A gestão de projetos é uma disciplina que visa planejar, organizar, executar e controlar as atividades de um projeto, de forma a atingir os objetivos estabelecidos dentro das restrições de prazo, custo, qualidade e recursos. É uma abordagem estruturada para a entrega de resultados e a obtenção de valor para as organizações.

Por que a gestão de projetos é importante?

A gestão de projetos é fundamental para garantir o sucesso de todos os tipos de projetos, independentemente do seu tamanho ou complexidade. Ela possibilita a identificação antecipada de possíveis problemas e desvios, permitindo a tomada de ações corretivas e a maximização do desempenho do projeto. Além disso, a gestão de projetos ajuda a melhorar a comunicação entre os envolvidos, estabelecer expectativas realistas e assegurar o alinhamento entre os membros da equipe.

Quais são os benefícios da gestão de projetos?

A gestão de projetos traz uma série de benefícios tanto para as organizações quanto para os profissionais envolvidos. Alguns dos principais benefícios incluem:

- Maior controle sobre o projeto, permitindo a tomada de decisões embasadas em informações precisas e atualizadas;

- Maior eficiência na utilização dos recursos, evitando desperdícios e maximizando o retorno sobre o investimento;

- Redução dos riscos associados ao projeto, uma vez que os possíveis problemas são identificados e gerenciados de forma proativa;

- Melhoria da qualidade do produto ou serviço entregue, garantindo a satisfação dos stakeholders;

- Melhor comunicação entre os membros da equipe, evitando mal-entendidos e conflitos;

- Aumento da produtividade, uma vez que as atividades são planejadas e coordenadas de forma eficiente.

Quais são as competências necessárias para a gestão de projetos?

- A gestão de projetos requer uma série de competências técnicas e comportamentais para ser efetivamente aplicada. Algumas das principais competências incluem:

- Conhecimento em técnicas e ferramentas de gestão de projetos, como cronograma, orçamento, riscos e qualidade;

- Habilidades de liderança, para motivar a equipe e gerenciar conflitos;

- Capacidade de comunicação eficaz, tanto verbal quanto escrita, para garantir o entendimento mútuo entre os membros da equipe e os stakeholders do projeto;

- Capacidade de negociação, para lidar com interesses conflitantes e conseguir o apoio necessário para o projeto;

- Habilidades de resolução de problemas, para identificar e solucionar os desafios que surgirem ao longo do projeto.

Conclusão - Introdução à gestão de projetos

A gestão de projetos é essencial para o sucesso de qualquer organização. Neste curso, aprendemos os principais conceitos e técnicas necessárias para liderar equipes de forma eficaz. Com uma comunicação clara e uma motivação adequada, é possível alcançar os objetivos propostos e entregar projetos de qualidade.

2 Principais conceitos de liderança

Introdução

A liderança é um aspecto crucial na gestão de projetos e na liderança de equipes. Um líder eficaz é capaz de inspirar, motivar e influenciar sua equipe para alcançar objetivos comuns. Neste tópico, exploraremos os principais conceitos de liderança, fornecendo uma base sólida para desenvolver habilidades de liderança eficazes.

Características de um líder

Um líder se destaca por suas habilidades e características que o diferenciam dos demais membros da equipe. Alguns dos principais características de um líder incluem:

- **Visão e foco**: Um líder tem clareza de objetivos e mantém a equipe focada no alcance dos mesmos.

- **Comunicação eficaz**: Um líder deve ser capaz de articular suas ideias de forma clara e concisa, facilitando a compreensão por parte da equipe.

- **Empatia**: Um líder empático é capaz de compreender as necessidades e sentimentos dos membros da equipe, estabelecendo uma conexão mais forte.

- **Confiança**: A confiança é essencial para construir relacionamentos sólidos e inspirar confiança nos membros da equipe.

- **Flexibilidade**: Um líder flexível é capaz de se adaptar a diferentes situações e abordar desafios de forma criativa.

- **Tomada de decisão**: Um líder deve ser capaz de tomar decisões fundamentadas e assumir a responsabilidade por elas.

Estilos de liderança

Existem diversos estilos de liderança que podem ser adotados dependendo da situação e das características da equipe. Alguns dos principais estilos de liderança são:

- **Liderança autocrática**: Nesse estilo, o líder toma todas as decisões sem consultar ou considerar a opinião dos membros da equipe.

- **Liderança democrática**: Nesse estilo, o líder envolve os membros da equipe nas decisões e no processo de solução de problemas.

- **Liderança transformacional:** Esse estilo de liderança enfoca a inspiração e motivação dos membros da equipe, visando transformá-los e alcançar resultados extraordinários.

- **Liderança laissez-faire**: Nesse estilo, o líder delega a tomada de decisões e a execução das atividades para os membros da equipe, proporcionando maior autonomia.

Habilidades de liderança

Além das características e estilos de liderança, existem também habilidades específicas que um líder deve desenvolver. Algumas das principais habilidades de liderança incluem:

- **Comunicação eficaz:** Um líder deve ser capaz de se comunicar de forma clara e persuasiva, transmitindo informações importantes e inspirando sua equipe.

- **Capacidade de motivar:** Um líder deve ser capaz de motivar e inspirar a equipe, criando um ambiente de trabalho positivo e estimulante.

- **Tomada de decisões:** Um líder deve ser capaz de tomar decisões rapidamente e com base em informações relevantes.

- **Gerenciamento de conflitos:** Um líder eficaz deve ser capaz de lidar com conflitos de forma construtiva, buscando soluções que beneficiem a equipe como um todo.

- **Habilidade de delegar:** Um líder deve ser capaz de distribuir as tarefas de forma eficiente, aproveitando as habilidades e conhecimentos de cada membro da equipe.

Conclusão - Principais conceitos de liderança

A liderança é fundamental para inspirar e motivar uma equipe. Neste curso, exploramos os principais conceitos e práticas de liderança, capacitando os participantes a desenvolverem habilidades de liderança autêntica e eficaz. Com a aplicação dessas técnicas, é possível influenciar positivamente a equipe e obter resultados excelentes.

Técnicas de comunicação e motivação de equipes

3 Técnicas de comunicação e motivação de equipes

Introdução

Uma gestão eficaz de projetos e liderança de equipes requer habilidades sólidas de comunicação e motivação. A capacidade de se comunicar de forma clara e assertiva, além de estimular e motivar os membros da equipe, são fatores-chave para alcançar o sucesso em qualquer empreendimento.

Neste tópico, exploraremos algumas técnicas importantes relacionadas à comunicação e motivação de equipes no contexto da gestão de projetos e liderança. Discutiremos estratégias eficazes para melhorar a comunicação interna da equipe, bem como formas de motivar e engajar os membros em direção aos objetivos do projeto.

Técnicas de comunicação

Uma comunicação eficiente é essencial para a coordenação e colaboração bem-sucedida da equipe. Abaixo estão algumas técnicas que podem ser aplicadas para melhorar a comunicação em um ambiente de projeto:

1. Estabelecer canais de comunicação claros

Definir canais de comunicação adequados é fundamental. É importante estabelecer uma estrutura de comunicação que dê aos membros da equipe um meio efetivo de compartilhar informações, fazer perguntas e obter respostas de forma rápida e precisa. Isso pode ser feito por meio de reuniões regulares, e-mails, plataformas de mensagens instantâneas, entre outros recursos.

2. Praticar a escuta ativa

A escuta ativa é uma habilidade crucial para uma comunicação eficaz. Ao praticar a escuta ativa, um líder de equipe demonstra interesse genuíno pelo que os membros da equipe têm a dizer, prestando atenção total às suas palavras, gestos e expressões. Essa técnica promove a compreensão mútua e ajuda a evitar mal-entendidos e conflitos.

3. Utilizar feedback construtivo

Fornecer feedback construtivo é uma maneira eficaz de melhorar a comunicação e o desempenho da equipe. Ao oferecer feedback, é importante concentrar-se nos comportamentos observáveis e oferecer sugestões de melhoria.

O feedback deve ser específico, objetivo e demonstrar apoio aos membros da equipe. Quando bem aplicado, o feedback construtivo pode promover o desenvolvimento individual e o crescimento coletivo.

Técnicas de motivação

A motivação desempenha um papel fundamental na produtividade e no sucesso da equipe. Aqui estão algumas técnicas de motivação que podem ser aplicadas para estimular o engajamento e o desempenho dos membros da equipe:

1. Estabelecer metas claras e desafiadoras

Estabelecer metas claras e desafiadoras ajuda a motivar os membros da equipe. Ao definir objetivos específicos e mensuráveis, tanto individuais quanto de equipe, os membros da equipe terão uma visão clara do que precisam alcançar. Além disso, metas desafiadoras, porém realistas, podem inspirar e motivar a equipe a superar obstáculos e alcançar resultados excepcionais.

2. Reconhecer e recompensar o desempenho

Reconhecer e recompensar o desempenho é uma técnica motivacional eficaz. Mostrar apreciação pelo trabalho árduo e pelos resultados alcançados pode impulsionar o moral da equipe e incentivar o esforço contínuo. Isso pode ser feito por meio de elogios públicos, programas de reconhecimento, recompensas financeiras ou oportunidades de desenvolvimento profissional.

3. Fomentar um ambiente de trabalho positivo

Criar um ambiente de trabalho positivo e acolhedor é fundamental para a motivação da equipe. Um ambiente que valoriza a colaboração, o respeito mútuo e o apoio mútuo tende a estimular o engajamento e o bem-estar dos membros da equipe.

Além disso, fornecer oportunidades de crescimento e desenvolvimento profissional pode ajudar a manter a motivação alta.

Conclusão - Técnicas de comunicação e motivação de equipes

A comunicação e a motivação são elementos essenciais para o bom funcionamento de uma equipe. Neste curso, aprendemos técnicas e estratégias para promover uma comunicação clara e eficiente, além de motivar e engajar os membros da equipe. Com uma comunicação eficaz e uma motivação adequada, é possível maximizar a produtividade e alcançar os objetivos propostos.

Exercícios Práticos

Vamos colocar os seus conhecimentos em prática

4 Exercícios Práticos

Nesta lição, colocaremos a teoria em prática por meio de atividades práticas. Clique nos itens abaixo para conferir cada exercício e desenvolver habilidades práticas que o ajudarão a ter sucesso na disciplina.

Identificação das partes interessadas

Faça uma lista das partes interessadas em um projeto de desenvolvimento de software. Explique brevemente o papel de cada uma delas e qual é o impacto que podem ter no projeto.

Estilos de liderança

Pesquise e descreva os principais estilos de liderança em uma equipe de trabalho. Cite exemplos de situações em que cada estilo pode ser eficaz ou não.

Feedback construtivo

O feedback construtivo é uma ferramenta importante na comunicação e motivação da equipe. Descreva como dar um feedback construtivo, destacando os elementos chave e exemplos de situações em que ele pode ser aplicado.

Resumo

Vamos rever o que acabamos de ver até agora

5 Resumo

A gestão de projetos é essencial para o sucesso de qualquer organização. Neste curso, aprendemos os principais conceitos e técnicas necessárias para liderar equipes de forma eficaz. Com uma comunicação clara e uma motivação adequada, é possível alcançar os objetivos propostos e entregar projetos de qualidade.

A liderança é fundamental para inspirar e motivar uma equipe. Neste curso, exploramos os principais conceitos e práticas de liderança, capacitando os participantes a desenvolverem habilidades de liderança autêntica e eficaz. Com a aplicação dessas técnicas, é possível influenciar positivamente a equipe e obter resultados excelentes.

A comunicação e a motivação são elementos essenciais para o bom funcionamento de uma equipe. Neste curso, aprendemos técnicas e estratégias para promover uma comunicação clara e eficiente, além de motivar e engajar os membros da equipe. Com uma comunicação eficaz e uma motivação adequada, é possível maximizar a produtividade e alcançar os objetivos propostos.

(Conclusão)

Parabéns!

Parabéns por concluir este curso! Você deu um passo importante para liberar todo o seu potencial. Concluir este curso não é apenas adquirir conhecimento; trata-se de colocar esse conhecimento em prática e causar um impacto positivo no mundo ao seu redor.

www.ingramcontent.com/pod-product-compliance
Lightning Source LLC
Chambersburg PA
CBHW062209220526
45470CB00009B/2978